신앙기초
세우기 2

Bible Study

교리2

성육신 | 부활 | 재림 | 심판 | 주되심
거듭남 | 구원의 증거 | 자백과 용서 | 성령의 열매 | 비전

gtm _ 권지현 지음

글로벌틴 성경공부의 구성과 사용법

글로벌틴 성경공부는 크게 마음열기, 생각하기, 나의 이야기로 구성되어 있습니다. 이 세 가지 부분의 목적을 숙지하여 진행하시면 효과적인 성경공부에 도움이 됩니다.

 마음열기

'마음열기'는 구성원들의 입이 열리게 하고, 그날의 주제에 대해 관심이 열리게 하는 데 목적이 있습니다.

우선 '먼저읽기' 지문을 읽습니다. 이것은 '마음열기' 질문에 쉽게 답할 수 있도록 준비된 것입니다. 그리고 나서 마음열기 질문에 대해 구성원들이 돌아가면서 대답을 하게 합니다. '마음열기'는 대단히 중요한 단계입니다. 여기서 대화와 관심이 열리게 되면, 이후의 진행에서 학생들이 자발적으로 참여하는 즐거운 성경공부가 가능케 되기 때문입니다. 시간은 5분(전체 30분일 경우) 정도가 좋습니다.

 생각하기

'생각하기'는 그날의 주제에 대한 성경의 가르침이 무엇인지 배우고 확신하는 데 목적이 있습니다. 글로벌틴 주제별 시리즈에서는 전달자에 의한 편차를 최소화하고, 많은 내용을 보다 효과적으로 전달할 수 있게 하기 위해 중요한 부분만 괄호처리하고, 나머지는 다 해설과 함께 서술해 두었습니다. 그러므로 긴 부가설명이나 파생된 주제 언급 없이 최대한 교재 내용 전달에만 집중해 주시면 충분한 교육효과가 나타나게 될 것입니다. 시간은 15-20분(전체 30분일 경우) 정도가 적당합니다.

 나의 이야기

'나의 이야기'의 목적은 오늘 공부한 내용을 구성원들 개인의 상황에 구체적으로 적용시키는 데 있습니다. 그러므로 이 부분은 그날 공부에 대한 총 결산이라고 할 만큼 중요한 부분입니다. 그러므로 인도자는 구성원 한명 한명이 개인적인 적용을 할 수 있도록 격려해야 합니다. 시간은 5분 이상(전체 30분일 경우)이 적당합니다.

*글로벌틴 주제별시리즈는 개역개정판 성경을 사용하고 있습니다.

교리2

Contents

예수님의 성육신

먼저읽기

한 성도가 환상 중에 천사에게 이끌려 천국으로 가고 있었다. 그런데 천사는 갈수록 더 깊숙한 골짜기 아래로만 내려가는 것이었다. 그가 당황하자 천사는 이렇게 설명해 주었다. "원래 하나님 나라는 아주 높은 곳에 있었는데 사람들이 올라오지 못해서 이 세상 제일 낮은 곳으로 내려왔다. 물이 저절로 낮은 곳으로 흘러가는 것처럼 하나님을 의지하는 자는 누구든 들어올 수 있도록." 우리가 아무리 낮아져도 천국은 언제나 우리보다 더욱 낮은 곳에 존재하고 있다. 당신이 절망하는 순간에 천국은 더욱 가까운 곳에 있음을 잊지 말아야 한다.

마음열기

예수님이 가장 낮은 곳에 계시다는 사실은 당신에게 어떤 새로운 느낌을 줍니까?

 생각하기

1. 예수님이 나신 구유

예수님이 태어나신 곳은 베들레헴 마구간의 구유 안입니다.

눅 2:7 첫아들을 낳아 강보로 싸서 구유에 뉘었으니 이는 여관에 있을 곳이 없음이러라

여러분의 상상 속에 그려지는 예수님이 탄생하신 말구유와 마구간은 어떤 모습입니까? 한번 나누어 봅시다.

구유란 쉽게 말하면, 여물통입니다. 만약 우리가 그곳의 당나귀 똥 냄새를 조금이라고 맡을 수 있다면, 통나무 틈새로 새어 들어오는 매운 바람소리를 들을 수 있다면 우리가 흔히 가진 이런 환상은 금방 사라질 것입니다. 요셉은 마구간에 들어가자마자 삽으로 당나귀 똥부터 한쪽으로 치우고는 덜 젖고 똥이 안 묻은 짚을 바닥에 조금 깔았겠지요. 그리고 말 밥통에 남아 있는 음식을 비워 내고는 짚으로 그것을 슥슥 닦아내고, 냄새가 덜 가신 구유 속에 짚을 깔았겠지요. 그리고 집을 빼앗긴 당나귀의 뒷발질로 해산이 임박한 마리아가 다치지 않게 당나귀를 한쪽 구석에 매고는 막아 서 있었겠지요.

요셉의 자존심은 얼마나 상했겠습니까?

마리아의 해산은 얼마나 고통스러웠겠습니까? 만약 여러분이 이런 곳에서 태어나게 되었다면 평생 스스로에 대해 어떤 마음을 가지게 될 것 같습니까?

메시아께서 이런 마구간에서 태어나셔야만 했던 이유는 무엇 때문입니까?

예수님께서 마구간에 나신 것은 하나님께서 우리와 온전히 같아지시고, 우리를 온전히 아시고, 우리를 온전히 사랑하시기 위함이었습니다.

2. 우리와 같아지신 예수님

여러분이 성화를 통해서 본 예수님의 모습은 어떻습니까?

아래의 본문은 예수님의 모습에 대해 무엇이라고 예언하고 있습니까?

사 53:2-3 그는 주 앞에서 자라나기를 연한 순 같고 마른 땅에서 나온 뿌리 같아서 고운 모양도 없고 풍채도 없은즉 우리가 보기에 흠모할 만한 아름다운 것이 없도다 그는 멸시를 받아서 사람들에게 버림 받았으며 간고를 많이 겪었으며 질고를 아는 자라 마치 사람들이 그에게서 얼굴을 가리는 것 같이 멸시를 당하였고 우리도 그를 귀히 여기지 아니하였도다

성경은 예수님이 많은 질병(질고)으로 인해 마치 문둥이처럼 지나가는 사람이 얼굴을 가리고 보지 않으려고 하는 모습이라고 기록하고 있습니다.

예수님이 겪으신 고생(간고)은 어떤 것이었습니까?

  1) 난민으로서의 타국 피난 생활
  가난한 난민의 타국 피난 생활이 얼마나 비참한지에 대해 한번 이야기해 봅시다.

  2) 가난한 빈민 생활
  피난살이를 마치고 돌아온 예수님은 찢어지게 가난한 빈민촌 나사렛에서 사셨습니다. 관원들은 그분을 천민이라고 조롱하는 뜻에서 일평생 나사렛 예수라고 불렀습니다.

  3) 사람들의 조롱
  막 6:3 이 사람이 마리아의 아들 목수가 아니냐 야고보와 요셉과 유다와 시몬의 형제가 아니냐 그 누이들이 우리와 함께 여기 있지 아니하냐 하고 예수를 배척한지라
  예수님을 요셉의 아들이라고 부르지 않은 것은 예수님을 □□□라고 조롱하기 위함입니다.

성육신

부활

재림

심판

주되심

거듭남

구원의 증거

자백과 용서

성령의 열매

비전

성육신

부활

재림

심판

주되심

거듭남

구원의 증거

자백과 용서

성령의 열매

비전

4) 어려운 사역 여건

눅 9:58 예수께서 이르시되 여우도 굴이 있고 공중의 새도 집이 있으되 인자는 머리 둘 곳이 없도다 하시고

이것 외에도, 예수님은 그의 친 제자에게 배신을 당하여 반란죄를 일으킨 노예들만 처형하는 십자가 위에서 발가벗기어 벌레처럼 꿈틀거리다 지옥 같은 죽음을 맛보셨습니다.

3. ☐☐☐☐ 되시는 하나님

예수님은 진실로 우리와 온전히 같아지셨습니다. 그리고 그분은 우리와 온전히 함께하기 원하십니다.

마 1:23 보라 처녀가 잉태하여 아들을 낳을 것이요 그의 이름은 임마누엘이라 하리라 하셨으니 이를 번역한즉 하나님이 우리와 함께 계시다 함이라

 나의 이야기

■ 오늘 공부를 마치고 난 후 예수님과 나와의 거리는 어떻게 되었습니까?

■ 예수님을 지금 내 마음 어디에 모시고 있습니까? 자기의 말로 설명해 봅시다.
 (예: 말구유 / 창고 / 거실 / 안방 / 기타)

■ 나를 위해 말구유에 나시고 지금도 임마누엘로 함께하시는 예수님께 드리는 편지를 적어 보세요.

임마누엘이신 예수님

예수님의 모습은 사실 성화 속에 나오는 귀공자 타입의 핸섬한 분이 아니셨습니다. 그것은 작가들의 상상 속의 모습이고, 성경에서는 예수님을 많은 질고(질병)로 인해 마치 문둥이처럼 지나가는 사람이 얼굴을 가리고 보지 않으려고 하는 모습이었다고 기록하고 있습니다.

예수님은 숱한 간고(고생)도 겪으신 분이십니다. 그분은 태어나자마자 이집트로 피난살이를 가야 했습니다. 가난한 사람의 타국 피난 생활이 얼마나 비참한지는 몇 년 전 쿠르드족사태를 생각하면 알 수 있습니다. 그나마 생명이라도 부지할 수 있었던 것은 박사들에게서 예물로 받은 황금 등이 있었기 때문이었을 겁니다.

피난살이를 마치고 돌아온 예수님은 찢어지게 가난한 빈민촌 나사렛에서 사셨으며, 또 3년의 공생애 기간 중에 조용한 방 한 칸, 또 머리 둘 곳조차 없이 지내셨습니다.

그뿐만 아니라 예수님은 오해와 조롱을 또 얼마나 받으셨는지 모릅니다. 사람들은 예수님을 부를 때 요셉의 아들이라고 부르지 않고, 사생아 취급을 하면서 항상 마리아의 아들이라고 불렀고, 관원들은 그를 천민이라 조롱하는 뜻에서 나사렛 예수라고 불렀습니다.

마지막으로 그분은, 친 제자에게 배신을 당하여 반란죄를 일으킨 노예들만 처형하는 십자가 위에서 발가벗기어 벌레처럼 꿈틀거리다 지옥 같은 죽음을 맛보셨습니다.

히브리서 4장15절에는 이 같은 예수님의 삶을 "우리에게 있는 대제사장은 우리의 연약함을 동정하지 못하실 이가 아니요, 모든 일에 우리와 똑같이 시험을 받으신 이로되…"라고 표현하고 있습니다.

예수님은 달리 임마누엘이란 이름으로 불리는데 이는 '하나님이 우리와 함께 계신다' 라는 뜻입니다.

그는 참 하나님이십니다.

그는 진실로 우리의 모든 사정을 아시고 우리와 함께하시는 분입니다.

확실한 사건 부활

류 웰리스라는 문필가는 예수의 죽음과 부활이라는 헛된 신화를 없애버릴 책을 쓰기 위해 자료를 수집하다가 부인할 수 없는 사실 앞에 무릎을 꿇고 "당신은 나의 주 나의 하나님!"이라고 고백하게 되었습니다. 이렇게 해서 만들어진 책이 「벤허」입니다.

변호사인 프랭크 모리스도 부활의 사기성을 파헤치기 위해 연구하다가 반대로 부활의 확실성을 증명하는 책, 「누가 돌을 옮겼나?」를 저술하게 되었습니다.

옥스퍼드 대학의 현대사학과 교수인 토마스 아놀드는 이렇게 말했습니다.

"수많은 사람이 마치 재판정에서 가장 중대한 사건을 처리하듯이 매우 신중하고 철저하게 부활을 조사해 왔습니다. 나 자신도 다른 사람을 설득시키기 위해서가 아니라 나 스스로 만족스러운 답을 얻기 위하여 여러 번 조사를 시도하였습니다. 내가 내린 결론은 하나님이 우리에게 주신 가장 위대한 기적, 즉 예수 그리스도께서 죽으셨고 죽은 자 가운데서 다시 살아나신 사건보다 더 완전히 증명될 수 있는 사실들이 인류 역사에는 없다는 것입니다."

 마음열기

당신은 예수님의 부활에 대해 어떤 견해를 가지고 있습니까?

☐ 확실히 믿는다

☐ 절대 믿을 수 없다

☐ 별로 진지하게 생각해 본 적이없다

생각하기

예수님의 부활의 사실 여부를 알 수 있는 한 가지 방법은 예수님의 부활을 부정하는 견해들의 논리적인 허점을 살펴보는 것입니다. 예수님의 부활을 부정하는 대표적인 4가지 견해에는 시체탈취설, 기절설, 환상설, 신화설이 있습니다.

1. 부활을 부정하는 견해들

1) 시체탈취설 – 예수님의 부활에 대한 믿음이 생기게 된 것은 제자들이 예수님의 시체를 훔쳐내고는 거짓 소문을 퍼뜨렸기 때문이다.

▶ 반대증거1 – 굳게 지켜진 ☐☐

마 27:63-65 주여 저 속이던 자가 살아 있을 때에 말하되 내가 사흘 후에 다시 살아나리라 한 것을 우리가 기억하노니 그러므로 명령하여 그 무덤을 사흘까지 굳게 지키게 하소서 그의 제자들이 와서 시체를 도둑질하여 가고 백성에게 말하되 그가 죽

은 자 가운데서 살아났다 하면 후의 속임이 전보다 더 클까 하나이다 하니 빌라
도가 이르되 너희에게 경비병이 있으니 가서 힘대로 굳게 지키라 하거늘

▶ 반대증거2 – 연약한 ☐☐들의 모습
막 14:50-52 제자들이 다 예수를 버리고 도망하니라 한 청년이 벗은 몸에 베
홑이불을 두르고 예수를 따라가다가 무리에게 잡히매 베 홑이불를 버리고 벗은
몸으로 도망하니라

2) 기절설 – 예수가 죽지 않고 기절한 상태로 무덤에 옮겨졌다가 무덤에서 의식을 회
복하여 나옴으로 부활에 대한 믿음이 생기게 되었다.

▶ 반대증거 – 현대 ☐☐의 증언
요 19:34 그 중 한 군인이 창으로 옆구리를 찌르니 곧 피와 물이 나오더라
현대 의학은 오직 죽은 사람에게서만 물과 피가 동시에 나온다는 사실을 밝혀냈
습니다. 이 사실에 대해 알 리 없던 2000년 전의 기록에서 물과 피가 나왔다는
증언은 예수님의 죽음을 증명해 주고 있습니다.

3) 환상설 – 예수는 실제 부활하지 않았는 데 예수를 사모하는 사람이 예수의 환상을
보고 부활을 굳게 믿고 증거하게 됨으로 부활신앙이 생기게 되었다.

▶ 반대증거1 – 수많은 ☐☐
고전 15:4-6 장사 지낸 바 되셨다가 성경대로 사흘 만에 다시 살아나사 게바에
게 보이시고 후에 열두 제자에게와 그 후에 오백여 형제에게 일시에 보이셨나니
그 중에 지금까지 대다수는 살아 있고 어떤 사람은 잠들었으며
감수성이 예민하고 공상을 많이 하는 사람에게 환상이 보일 수 있습니다. 그러
나 같은 시간 같은 장소에서 500명이나 되는 사람이 같은 환각을 체험한다는 것
은 전적으로 불가능한 일입니다.

▶ 반대증거2 – 육신을 입으신 예수님
눅 24:42-43 이에 구운 생선 한 토막을 드리니 받으사 그 앞에서 잡수시더라
환상이라면 결코 이처럼 음식을 먹을 수 없습니다.

4) 신화설 – 부활이란 예수가 죽은 지 100년이 지나고 나서야 곧 상상력과 각색이 끼
어들 만한 시간적 격차가 있는 후에 생겨나기 시작한 교훈적인 전설에 불과하다.

▶ 반대증거 – 빠른 성경의 기록연대
많은 불신학자는 이 같은 가정을 증명하기 위해 끈질긴 노력을 기울였습니다.
하지만, 고고학적인 증거들로 인해, 현재 부활에 대해 자세히 밝히고 있는 고린

성육신
부활
재림
심판
주되심
거듭남
구원의 증거
자백과 용서
성령의 열매
비전

성육신

부활

재림

심판

주되심

거듭남

구원의 증거

자백과 용서

성령의 열매

비전

도전서는 대략 주후 55년경에 기록된 것으로 확인되었으며, 최초의 복음서인 마가복음의 아람어역본은 주후 44년, 곧 부활로부터 10년이 채 되지 않아 기록되었다는 증거들이 발견되고 있습니다.

이상과 같이 부활을 부정하는 사람들의 주장에 대한 당신의 견해는 어떻습니까?

2. 부활을 뒷받침하는 견해들

1) 변화된 제자들 – 부활이 아니면 어떤 것도 제자들의 변화된 모습을 설명할 수 없습니다. 무엇이 계집종 앞에서도 주님을 부인할 수밖에 없던 베드로를 공회 전체로도 말문을 막을 수 없는 사람으로 만들었습니까? 도대체 어떤 사건이 스승을 버리고 도망갔던 제자들을 담대한 순교자로 바꾸어놓을 수 있단 말입니까?

2) 변화된 성도들 – 지금도 세계 곳곳에는 부활하신 예수님에 대한 믿음으로 죄 사함의 기쁨과 구원의 확신을 발견하고 실제적인 삶의 변화를 체험하고 있는 사람들이 헤아릴 수 없이 많습니다. 이들이야말로 그리스도의 부활에 대한 가장 확실한 증거입니다.

3. 부활을 아는 자의 삶

부활장이라고 불리는 고린도전서 15장은 부활을 아는 우리에게 결론적으로 어떤 삶을 살라고 요구하고 있습니까?

고전 15:32-34 … 죽은 자가 다시 살아나지 못한다면 내일 죽을 터이니 먹고 마시자 하리라 속지 말라 악한 동무들은 선한 행실을 더럽히나니 깨어 의를 행하고 죄를 짓지 말라 하나님을 알지 못하는 자가 있기로 내가 너희를 부끄럽게 하기 위하여 말하노라

고전 15:58 그러므로 내 사랑하는 형제들아 견실하며 흔들리지 말고 항상 주의 일에 더욱 힘쓰는 자들이 되라 이는 너희 수고가 주 안에서 헛되지 않은 줄 앎이라

부활을 아는 자는 죄를 멀리하며 주의 일에 더 열심을 내는 자가 되어야 합니다.

 나의 이야기

■ 이제 당신은 예수님의 부활을 확실히 믿습니까?

■ 부활하신 주님에 관한 찬양 한 곡을 선택하여 자기 개인의 고백으로 올려드리는 시간을 가집시다.

정답 | ①무덤 ②제자 ③의학 ④증인

그가 다시 살아나셨다

한 신사가 십자가에 달리신 주님을 그린 아름다운 스테인드글라스를 보았습니다. 생생하게 새겨져 있는 그림을 황홀하게 바라보고 있던 중 그는 문득 곁에 한 소년이 서 있다는 것을 깨달았습니다. 그 소년도 그림을 바라보고 있었는데, 그의 얼굴에 나타난 강렬한 표정으로 보아 십자가상의 예수가 그의 작은 영혼을 정말로 사로잡고 있음을 알 수 있었습니다. 그 신사는 소년의 어깨에 손을 얹으며 물었습니다.

"얘야, 저 그림이 무엇을 의미하지?"

"무엇인지 모르세요?"

놀랍다는 듯한 표정으로 그 소년은 반문했습니다.

"저기 있는 분이 예수님이고요, 다른 사람들은 로마군인들이지요. 그리고 울고 있는 여자는 그의 어머니고요." 그리고 "그들이 그분을 죽였어요"라고 덧붙였습니다.

그 신사는 창가를 떠나기가 싫었지만 언제까지나 지체하고 있을 수도 없어서 돌아서서 조용히 거리를 따라 내려갔습니다. 그런데 그는 뒤에서 종종걸음으로 달려오는 발소리를 들었습니다. 걸음을 멈추고 돌아보자 뒤에서는 그 어린 소년이 달려오고 있었습니다.

"아저씨!"

소년은 숨을 몰아쉬면서 말했습니다.

"그가 다시 살아나셨다고 말씀드리는 것을 잊어버렸어요."

재림을 준비하는 삶

바울은 자기 인생을 정리하면서 이와 같은 영광스러운 고백을 했습니다. "이제 후로는 나를 위하여 의의 면류관이 예비되었으므로 주 곧 의로우신 재판장이 그날에 내게 주실 것이며"(딤후 4:8상). 곧이어 그는 그 비결과 또 우리도 그 같은 삶을 살 수 있는 방법을 설명해줍니다. "내게만 아니라 주의 나타나심을 사모하는 모든 자에게도니라"

바울은 참으로 주의 나타나심을 사모하며 산 사람입니다. 그래서 신약성경에 6번 나오는 '그리스도 예수의 날'이란 재림에 대한 가슴 설레는 표현은 모두 바울이 사용한 것입니다.

 마음열기

평소에 당신은 예수님의 재림을 얼마나 사모하며 기다리고 있습니까?

생각하기

신약성경은 예수님의 재림에 대해 약 320회 예언하고 있습니다. 다음의 질문에 대해 아는 것을 말해 봅시다.

- 재림의 때는 언제입니까?
- 어떤 방법으로 재림하십니까?
- 재림의 때는 왜 이렇게 늦어집니까?
- 어떤 모습으로 재림하십니까?
- 재림하셔서 무슨 일을 하십니까?
- 재림을 준비하는 삶은 무엇입니까?

1. 재림에 대한 성경의 가르침

1) 재림의 때

마 24:36 그러나 그 날과 그 때는 아무도 모르나니 하늘의 천사들도, 아들도 모르고 오직 아버지만 아시느니라

성경은 재림의 정확한 때는 아무도 알 수 없다고 말씀합니다. 그러므로 정확한 날과 시를 말하는 것은 미혹하는 이단에 지나지 않습니다. 그러나 성경은 재림의 때에 나타날 여러 가지 징후들에 대해 말씀하고 있습니다(마 24:7-8; 살전 5:2-3).

이 중 신자들에게 나타날 징후는 3가지입니다.

■ 신자들의 믿음이 식을 때

눅 18:8 내가 너희에게 이르노니 속히 그 원한을 풀어 주시리라 그러나 인자가 올

때에 세상에서 믿음을 보겠느냐 하시니라

■ 신앙에 대한 박해가 극심해질 때

마 24:9 그 때에 사람들이 너희를 환난에 넘겨 주겠으며 너희를 죽이리니 너희가 내 이름 때문에 모든 민족에게 미움을 받으리라

■ 모든 족속에게 복음이 증거될 때

마 24:14 이 천국 복음이 모든 민족에게 증언되기 위하여 온 세상에 전파되리니 그제야 끝이 오리라

2) 재림의 모습

행 1:11 이르되 갈릴리 사람들아 어찌하여 서서 하늘을 쳐다보느냐 너희 가운데서 하늘로 올려지신 이 예수는 하늘로 가심을 본 그대로 오시리라 하였느니라

요이 1:7 미혹하는 자가 세상에 많이 나왔나니 이는 예수 그리스도께서 육체로 오심을 부인하는 자라 이런 자가 미혹하는 자요 적그리스도니

예수님은 반드시 눈에 보이는 육체를 입고 오실 것입니다. 이것을 부인하는 자는 자기 속에 예수의 영이 있기 때문에 자기가 메시아라고 미혹하려는 이단자일 뿐입니다.

예수님은 우리가 상상하는 모습보다 훨씬 더 영화로운 모습으로 임하셔서 아무 말도 할 수 없게 하실 것입니다.

살후 1:10 그 날에 그가 강림하사 그의 성도들에게서 영광을 받으시고 모든 믿는 자들에게서 놀랍게 여김을 얻으시리니 이는 우리의 증거가 너희에게 믿어졌음이라

3) 재림의 방법

마 24:27 번개가 동편에서 나서 서편까지 번쩍임 같이 인자의 임함도 그러하리라

마 24:30 그 때에 인자의 징조가 하늘에서 보이겠고 그 때에 땅의 모든 족속들이 통곡하며 그들이 인자가 구름을 타고 능력과 큰 영광으로 오는 것을 보리라

구름을 타고 오실 예수님은 번개가 짧은 시간에 넓은 지역에 동시에 번쩍임같이 모든 사람들이 동시에 볼 수 있도록 오실 것입니다. 요즘의 과학기술을 생각할 때도 하나님 편에서 이것이 가능함을 충분히 상상할 수 있습니다. 얼마나 놀라운 광경이 될까요? 그러므로 그리스도가 여기에 이미 왔다, 저기 있다 하는 말들은 다 거짓입니다.

4) 재림이 늦어지는 이유

벧후 3:8-9 사랑하는 자들아 주께는 하루가 천 년 같고 천 년이 하루 같다는 이한 가지를 잊지 말라 주의 약속은 어떤 이들이 더디다고 생각하는 것 같이 더딘

성육신

부활

재림

심판

주되심

거듭남

구원의 증거

자백과 용서

성령의 열매

비전

성육신

부활

재림

심판

주되심

거듭남

구원의 증거

자백과 용서

성령의 열매

비전

것이 아니라 오직 주께서는 너희를 대하여 오래 참으사 아무도 멸망하지 아니하고 다 회개하기에 이르기를 원하시느니라

성경은 재림하신 예수님께서 선악 간에 산 자와 죽은 자를 심판하신 후, 이 땅에 완전한 평화와 의와 기쁨이 다스리는 하나님 나라가 도래하게 될 것이라고 약속하고 있습니다. 그런데 이 같은 약속이 지연되는 이유는 한 사람이라도 더 구원하기 위한 하나님의 사랑 때문입니다.

2. 재림을 준비하는 삶

1) 벧전 4:7-8 만물의 마지막이 가까이 왔으니 그러므로 너희는 정신을 차리고 근신하여 기도하라 무엇보다도 뜨겁게 서로 사랑할지니 사랑은 허다한 죄를 덮느니라

재림을 준비하는 삶은 깨어 기도하며 열심으로 서로 사랑하는 것입니다.

2) 벧후 3:11-12 이 모든 것이 이렇게 풀어지리니 너희가 어떠한 사람이 되어야 마땅하냐 거룩한 행실과 경건함으로 하나님의 날이 임하기를 바라보고 간절히 사모하라…

재림을 준비하는 삶은 거룩한 행실과 경건함을 가지는 것입니다.

3) 히 10:25 모이기를 폐하는 어떤 사람들의 습관과 같이 하지 말고 오직 권하여 그 날이 가까움을 볼수록 더욱 그리하자

재림을 준비하는 삶은 모이기에 더욱 힘쓰는 것입니다.

3. 성도의 가장 큰 소망

성경의 마지막 장인 요한계시록 22장은 재림에 대한 예수님의 확실한 약속과 그날을 사모하는 성도들의 간절한 열망으로 가득 차 있습니다. 예수 그리스도의 재림은 성경의 예언 중 유일한 미완의 약속이며, 우리 앞에 현재진행 중인 가장 놀라운 소망입니다.

계 22:12 보라 내가 속히 오리니 내가 줄 상이 내게 있어 각 사람에게 그가 행한 대로 갚아 주리라

계 22:20 … 내가 진실로 속히 오리라 하시거늘 아멘 주 예수여 오시옵소서

 나의 이야기

■ 손양원 목사님의 '주님 고대가' 가사를 묵상해 봅시다.

1절 낮에나 밤에나 눈물 머금고 내 주님 오시기만 고대합니다
　　가실 때 다시 오마 하신 예수님 오 주여 언제나 오시렵니까
3절 먼 하늘 이상한 구름만 떠도 행여나 내 주님 오시는가 해
　　머리 들고 멀리멀리 바라보는 맘 오 주여 언제나 오시렵니까
6절 천 년을 하루 같이 기다린 주님 내 영혼 당하는 것 볼 수 없어서
　　이 시간도 기다리고 계신 내 주님 오 주여 언제나 오시렵니까

바울의 고득점비결

로마 감옥에서 인생의 마지막 순간을 맞이하고 있는 바울의 고백은 마치 마라톤에서 1등으로 돌아온 선수가 금메달을 목에 걸기 전에 하는 고백 같습니다.

"나는 선한 싸움을 싸우고 나의 달려갈 길을 마치고 믿음을 지켰으니 이제 후로는 나를 위하여 의의 면류관이 예비되어 있도다"(딤후 4:7-8).

사도 바울의 고득점 비법은 그의 서신서에 있는 몇몇 간증에서 잘 나타납니다.

첫째는 푯대가 정해졌기 때문입니다(빌 3:14). 바울은 하나님 나라가 이 땅에 이루어지고 그날에 하나님이 위에서 부르신 부름의 상 받는 것을 그의 유일한 목표로 삼았습니다.

"내가 철저히 진심으로 신봉하는 것이 있습니다. 그것은 하나님 나라입니다. 그것은 나의 삶이고 나의 일이고 나의 취미이며 나의 연인이고 나의 아내이며 나의 여왕이고 나의 먹을 것이며 마실 것입니다. 나는 낮에는 그것을 위하여 일하고 밤에는 그것에 대해 꿈을 꿉니다. 나는 나의 삶에 활력을 불어넣어 주고 나를 지배하는 이 힘과 관련시키지 않고서는 아무것도 할 수 없습니다."

둘째는 뒤에 있는 것을 잊어버렸기 때문입니다(빌 3:13). 바울에게는 너무나 영광스러운 기억들이 무수히 많습니다. 또 그에게는 여러 가지 부끄럽고 통한스러운 추억들도 있습니다. 바울은 이 같은 과거의 일들이 자기를 우쭐되게 하거나 낙망케 하지 못하도록 십자가 아래 묻어버리고는 홀가분한 마음으로 경주를 계속했습니다. 천성을 향한 장거리 경주를 계속하는 사람은 과거의 성공에 연연해 하거나 지나간 실패에 집착해서는 안 됩니다. 뒤돌아보지 않는 사람이 참으로 겸손한 사람이요, 용기 있는 사람입니다.

셋째는 모든 일에 절제했기 때문입니다(고전 9:25). 바울은 현대의 교통수단을 가지고도 해내기 힘든 전도여행을 이루어내었고, 그 가운데서도 비용을 마련하는 일을 직접 했으며, 깊은 묵상과 기도시간도 빠짐없이 가졌습니다. 이것은 그가 모든 자유와 기회들을 철저히 절제했기 때문에 가능했던 일입니다. 바울은 참으로 썩지 않는 하늘나라의 면류관을 위해 자기를 쳐서 복종시키는 삶을 살았습니다.

푯대를 향하여 한 일, 즉 뒤에 있는 일은 잊어버리고 절제하며 달음질하는 사람은 해와 달같이 영원히 빛나는 하늘나라의 고득점자가 될 것입니다.

공의로운 심판

먼저읽기

세상에 사는 모든 사람들이 아는 진리가 있습니다. 비록 하나님이나 예수님을 모른다 해도 "한번 죽는 것은 사람에게 정하신 것이요"라는 말씀은 모르는 사람이 없습니다. 하지만, 바로 그 뒤에 있는 "그 후에는 심판이 있으리니"에 대해서는 아는 사람이 거의 없습니다.

이 때문에 사람들은 심판의 전주곡인 죽음에 대해 깊이 생각하지 않고, 오로지 세상 쾌락을 좇고 죄의 성을 쌓아올리면서 인생을 허비하고 있습니다. 알렉산더는 임종을 앞두고 이런 후회를 남겼습니다.

"나는 죽음의 문제를 빼놓고는 무슨 일에나 시간과 정성을 바쳤다. 그러나 사실 죽음은 내가 가장 심사숙고해야 할 중대한 일이었다."

 마음열기

당신은 심판에 대해 어느 정도 의식하고 사는 편입니까?

☐ 거의 의식하지 않음

☐ 조금 의식함

☐ 심각하게 고민하는 편

 생각하기

1. ☐☐의 확실성과 필요성

1) 히 9:27 한번 죽는 것은 사람에게 정해진 것이요 그 후에는 심판이 있으리니

많은 사람이 최후심판 같은 것은 없을 것이라고 말합니다.

하지만, 모든 사람에게 죽음이 오는 것처럼 심판은 확실한 것입니다.

인류에게 죽음이 있는 것은 하나님의 진노 아래 있는 표시이며 궁극적인 심판의 증거입니다.

2) 전 12:14 하나님은 모든 행위와 모든 은밀한 일을 선악 간에 심판하시리라

말 3:5 내가 심판하러 너희에게 임할 것이라 점치는 자에게와 간음하는 자에게와 거짓 맹세하는 자에게와 품꾼의 삯에 대하여 억울하게 하며 과부와 고아를 압제하며 나그네를 억울하게 하며 나를 경외하지 아니하는 자들에게 속히 증언하리라 만군의 여호와가 말하였느니라

이 세상에는 악인이 형통한 것으로 끝나고, 부정이 승리하는 것처럼 보이며, 진실이 영원히 묻혀 버리는 것 같은 경우가 흔히 있습니다. 그렇기 때문에라도 최후심판은 반드시 필요합니다.

2. ☐☐로운 하나님의 심판

1) 시 9:8 공의로 세계를 심판하심이여 정직으로 만민에게 판결을 내리시리로다

하나님의 심판은 불의하거나 제한적인 세상의 재판과는 달리 완전한 공의의 실현이 될 것입니다. 때문에 하나님의 심판이 행해지는 때에 만물이 즐거이 노래하며 세계의 거민이 의를 배우게 될 것입니다.

대상 16:33 그리 할 때에 숲 속의 나무들이 여호와 앞에서 즐거이 노래하리니 주께서 땅을 심판하러 오실 것임이로다

사 26:9 밤에 내 영혼이 주를 사모하였사온즉 내 중심이 주를 간절히 구하오리니 이는 주께서 땅에서 심판하시는 때에 세계의 거민이 의를 배움이니이다

2) 창 18:25 주께서 이같이 하사 의인을 악인과 함께 죽이심은 부당하오며 의인과 악인을 같이 하심도 부당하니이다 세상을 심판하시는 이가 정의를 행하실 것이 아니니이까

아브라함은 롯을 구하기 위해 소돔 성을 심판하시려는 하나님께 이렇게 항변한 적이 있습니다.

하지만, 결국 아브라함은 소돔 성에 대한 하나님의 심판이 공정함을 수긍하고 스스로 그 요구를 그칠 수밖에 없었습니다.

이처럼 하나님의 공정한 심판 앞에서는 누구도 결코 불평할 수 없으며, 심지어 멸망 받는 자도 하나님의 판결에 대해 합당하다고 고백하며 받아들이게 될 것입니다.

3. 공의로운 심판의 증거

신자는 심판을 이기지 못할 자신의 불의를 깨닫고 예수님의 보혈의 공로를 의지하여 하나님의 자녀가 된 사람입니다. 하지만, 그렇다고 해서 신자에게 심판이 없는 것은 아닙니다.

1) 벧전 4:17 하나님의 집에서 심판을 시작할 때가 되었나니 만일 우리에게 먼저 하면 하나님의 복음을 순종하지 아니하는 자들의 그 마지막은 어떠하며

성경은 ☐☐들에게 먼저 심판이 임한다고 말씀하고 있습니다.

이것은 오늘 현실에서 받는 죄에 대한 징계입니다.

이 같은 징계는 하나님이 우리를 당신의 아들로 대우하시기 때문이며, 장차 멸망의 심판대에 서지 않게 하기 위함입니다.

히 12:7 너희가 참음은 징계를 받기 위함이라 하나님이 아들과 같이 너희를 대우하시나니 어찌 아버지가 징계하지 않는 아들이 있으리요

고전 11:32 우리가 판단을 받는 것은 주께 징계를 받는 것이니 이는 우리로 세상과 함께 정죄함을 받지 않게 하려 하심이라

성육신

부활

재림

심판

주되심

거듭남

구원의증거

자백과용서

성령의열매

비전

이처럼 자기 자녀를 먼저 징계하시는 하나님의 모습은 공의로운 심판의 증거가 됩니다.

2) 살후 1:5-7 이는 하나님의 공의로운 심판의 표요 너희로 하여금 하나님의 나라에 합당한 자로 여김을 받게 하려 함이니 그 나라를 위하여 너희가 또한 고난을 받느니라 너희로 환난을 받게 하는 자들에게는 환난으로 갚으시고 환난을 받는 너희에게는 우리와 함께 안식으로 갚으시는 것이 하나님의 공의시니…
또 하나의 공의로운 심판의 표시는 신자들이 믿음으로 말미암아 이 세상에서 받는 ☐☐ 입니다.
하나님은 자기 자녀에게 무조건 특혜를 주려는 세상의 이기적인 부모와는 다릅니다. 현실에서 의를 위해 고난 받는 모습은 하나님의 공의로운 심판과 우리의 구원의 가장 확실한 증표입니다.

 나의 이야기

■ 오늘 공부를 마치고 당신은 심판의 확실성과 필요성에 대해 어떤 생각의 변화가 일어나게 되었습니까?

■ 지금 당신에게는 죄로 말미암은 징계와 믿음으로 말미암은 고난이 있습니까? 그리고 이것에 대해 새롭게 깨닫게 된 감사의 이유는 무엇입니까?

정답 | ①심판 ②공의 ③신자 ④고난

예수님의 심판

이 세상이 끝나고 하나님의 보좌앞에서 심판을 기다리고 있을 때 몇몇 그룹의 사람들은 호전적인 태도로 하나님의 심판에 대해서 불평하고 있었습니다.

"어떻게 하나님이 우리를 심판하실 수 있어? 그분이 우리가 당한 고통에 대해 아시기나 해?" 갈색 머리의 여인은 자신이 나치 수용소에서 받은 문신으로 새겨진 팔의 죄수 번호를 보이면서 거들었습니다. "우리는 고문과 폭행, 기아와 가스실의 죽음을 맛보아야 했어."

한 흑인 남자도 밧줄 때문에 생긴 몸의 흉한 상처를 보이면서 말했습니다.

"우리는 아무런 죄도 없이 다만 흑인이라는 이유 때문에 맞았고, 노예선에서 숨이 막혀 질식했고, 죽을 때까지 일해야만 했었소!"

그러자 많은 사람이 각자 자신이 겪었던 악과 고통에 대해서 불평하면서 빈정거렸습니다. 결국, 그 사람들은 가장 끔찍하게 고통받은 그룹의 사람들을 그들의 대표자로 뽑아 하나님께 소송을 제기할 준비를 했습니다. 그 요지는 "하나님의 편에서 인간의 재판관 되기에 합당한 자격을 가진 이가 있어야 하는데, 그는 인간이 겪었던 모든 고통을 겪어야만 한다"는 것입니다. 이를 위해서 "우선 하나님은 인간으로 이 지구에서 살아야 하고, 자기를 방어하기 위해서 자신의 신적인 능력을 쓸 수 없다는 점을 확실히 해야 한다"고 덧붙였습니다. 대표자들은 신이 나서 저마다 구체적인 요구사항을 낭독하기 시작했습니다.

"그로 하여금 가장 멸시받는 유태인으로 태어나게 하자!"

"그를 사람들에게서 사생아라는 의심을 받으면서 자라게 하자!"

"그에게 사람들이 관심도 없고 본적도 없고 만질 수도 없는 것에 대해 이야기하도록 해서 사람들에게 무시와 놀림을 당하게 하자!"

"마지막으로 그로 하여금 모든 살아 있는 존재들로부터 철저히 버림받고 인간이 생각해 낼 수 있는 가장 잔혹하고, 수치심이 느껴지는 고문에 의해서 서서히 죽음을 맞게 하자!"

마지막 대표의 이 낭독이 마쳤을 때 갑자기 긴 침묵이 흘렀습니다. 아무도 말이 없었고, 움직이지 않았습니다. 모두는 그제야 하나님이 이미 그 선고를 감내하시고 그의 형을 마치셨음을 깨달았기 때문이었습니다.

예수님의 주되심과 순종

먼저읽기

현재 교회 내에 예수 그리스도의 위치는 마치 영국 여왕과 비슷합니다. 영국 여왕은 명목상 백성을 다스리는 수장입니다. 그녀가 가는 곳마다 찬양과 환대, 그리고 재정적인 지원을 받습니다. 또 공식적인 행사에 제복을 입고 참석하여 연설을 하기도 합니다. 하지만, 영국 여왕은 실질적인 권력은 거의 갖고 있지 않으며 국가가 위기에 처할 때 결정권을 행사하는 사람도 그녀가 아닌 다른 사람입니다. 사실 영국 여왕은 전통적인 집결지점, 충성심과 단결의 상징에 불과합니다.

교회에서는 이론적으로 예수 그리스도께서 모든 것의 주인이라고 가르칩니다. 또 찬송가 속에 그리스도의 주권에 대한 가사를 넣어 부르기도 합니다. 그뿐만 아니라 종교적인 감정이 고조될 때는 그리스도의 왕권을 감격스런 표현으로 고백하기도 합니다. 하지만, 실상 교회에서 예수 그리스도께서 하실 수 있는 일이란 적절할 때에, "수고하고 무거운 짐 진 자들아 다 내게로 오라"거나 "너희는 마음에 염려하지 말라"라고 말하는 것이 고작이고, 나머지는 각자가 자기 뜻대로 다 알아서 하고 있습니다.

 마음열기

당신에게 예수님은 진정한 왕이요, 주이십니까? 아니면 영국 여왕처럼 상징적인 존재에 불과합니까?

생각하기

1. 누가 나의 주인인가?

1) 골 1:16 만물이 그에게서 창조되되 하늘과 땅에서 보이는 것들과 보이지 않는 것들과 혹은 왕권들이나 주권들이나 통치자들이나 권세들이나 만물이 다 그로 말미암고 그를 위하여 창조되었고

원래 모든 인류는 하나님으로부터 창조되었고 하나님을 위하여 창조되었습니다.

2) 마 28:18 예수께서 나아와 말씀하여 이르시되 하늘과 땅의 모든 권세를 내게 주셨으니

현재 온 세상의 주권을 가지고 계신 분은 ☐☐☐이십니다.

예수님은 지금도 하나님 우편에서 능력의 말씀으로 만물을 붙드시며 죄를 정결케 하는 일을 하고 계십니다(히 1:3).

3) 빌 2:10-11 하늘에 있는 자들과 땅에 있는 자들과 땅 아래 있는 자들로 모든 무릎을 예수의 이름에 꿇게 하시고 모든 입으로 예수 그리스도를 주라 시인하여 하나님 아버지께 영광을 돌리게 하셨느니라
장차 모든 인류가 주인이라고 고백할 분은 예수님이십니다.

4) 요 20:28 도마가 대답하여 이르되 나의 주님이시오 나의 하나님이시니이다
그렇다면, 현재의 삶에서 예수님께 '나의 주님이시오 나의 하나님'이라고 고백하는 것은 가장 합당하고 현명한 일이라고 할 수 있습니다.

2. 진정 나의 주인인가?
'예수는 나의 주'라고 말하거나 노래하기는 쉽습니다. 하지만, 우리가 생활에서 예수님의 말씀을 따르기를 거절한다면 우리는 예수님께 빈말이나 거짓 고백을 하고 있는 것입니다.
예수님을 주님이라고 고백한다면 그분의 뜻대로 행해야만 합니다.
눅 6:46 너희는 나를 불러 주여 주여 하면서도 어찌하여 내가 말하는 것을 행하지 아니하느냐

예수님의 주권을 인정한다는 것은 교회 안에서만 해당하는 것이 아니라 우리의 학업과 대인관계, 진로, 취미생활 등 모든 부분에서 그분을 최고의 통치자요, 소유주로 모시는 것입니다.
골 2:6 그러므로 너희가 그리스도 예수를 주로 받았으니 그 안에서 행하되

3. 순종의 본
예수님은 하나님의 주되심을 인정하는 삶이 어떤 것인지를 직접 몸으로 보여주셨습니다.
예수님이 세상에서 한 일은 '☐☐☐☐☐☐'에 대한 순종이었습니다.
요 17:4 아버지께서 내게 하라고 주신 일을 내가 이루어 아버지를 이 세상에서 영화롭게 하였사오니
예수님의 가장 간절한 기도의 제목은 '자기 뜻'이 아니라 '아버지 뜻대로'였습니다. 그리고 예수님의 순종은 십자가에서 죽으시는 데까지 이르렀습니다(빌 2:8).

신자는 예수님이 보여주신 본을 따르는 사람입니다. 그러므로 우리도 마땅히 순종해야 합니다.
요일 2:6 그의 안에 산다고 하는 자는 그가 행하시는 대로 자기도 행할지니라

성육신
부활
재림
심판
주되심
거듭남
구원의 증거
자백과 용서
성령의 열매
비전

4. 순종 배우기

1) 히 5:8-9 그가 아들이시면서도 받으신 고난으로 순종함을 배워서 온전하게 되셨은즉 자기에게 순종하는 모든 자에게 영원한 구원의 근원이 되시고

순종은 감정의 문제가 아니라 의리의 문제입니다. 그래서 순종을 위해서는 훈련이 필요합니다. 내가 할 수 있는 작은 일에서부터 '내 뜻'을 접고 예수님의 뜻에 '순종' 해 보지 않는 사람은 결코 온전한 순종을 실천할 수 없습니다.

2) 롬 14:8 우리가 살아도 주를 위하여 살고 죽어도 주를 위하여 죽나니 그러므로 사나 죽으나 우리가 주의 것이로라

예수님은 우리의 ☐☐ 이십니다. 그러므로 그분께 아무리 순종해도 결코 지나치지 않습니다.

참으로 자신의 삶의 모든 영역을 예수님의 주권 아래에 두는 사람이 지혜자입니다. 그에게는 생각보다 넘치는 풍성한 보상이 있을 것입니다.

나의 이야기

■ 나는 다음의 삶의 영역에서 예수님의 주권을 얼마나 인정하고 있습니까?

친구선택   진로/미래

이성교제   여가 생활

부모님과의 관계   언어 사용

물질사용   마음과 생각

■ 지금 즉시 예수님께 소유권과 통치권을 넘겨 드려야 할 영역은 무엇입니까? 그것을 올려드리며 '주인님, 어떻게 할까요?' 하는 기도를 드려 봅시다.

정답 | ①예수님 ②하라고 주신 일 ③주인

부를 수 없는 이름

한번은 목사님이 익숙한 "나더러 주여 주여 하는 자마다 다 천국에 들어갈 것이 아니요 다만 하늘에 계신 내 아버지의 뜻대로 행하는 자라야 들어가리라"(마 7:21)라는 말씀을 읽고 있을 때 마음속으로 예수님께서 이런 질문을 던지는 것 같았습니다.

"너는 내가 말하는 것을 행하지도 않으면서 왜 나에게 주여 주여 하느냐?"

이 충격적인 질문 앞에서 목사님은 잠시 어안이 벙벙했습니다. 그는 주님이라는 말은 그냥 기도를 할 때 쓰는 말이나 종교적인 상투어가 아니라 분명히 예수님께서 자기의 소유주가 되신다는 고백임과 자기가 이 고백에 합당하지 못한 삶을 살았음을 알게 되었습니다. 이 같은 깨달음은 그의 신앙생활에 큰 변화를 주었습니다.

목사님은 온 교우가 참석하는 공동의회를 열었습니다.

"우리는 주님이라는 말을 너무 남용하고 있습니다. 만약 여러분이 정직하다면 주님이 여러분에게 하라고 명령하신 일을 실천에 옮길 때까지는 더 이상 주님을 부르지 말 것을 명령합니다. 예수님이 여러분에게도 '내가 말한 바를 행하지 않으면서 왜 나에게 주여 주여 하느냐'라고 말씀하시면 무엇이라고 대답하겠습니까?"

온 회중은 설교를 들은 후에 회개하는 맘으로 기도했습니다.

"주님, 죄송합니다. 이제부터는 주님이 하라고 명령하신 것을 행할 때까지는 두 번 다시 당신을 '주님'이라고 부르지 않겠습니다."

이날부터 교인들은 기도나 대화에서 주님이라는 말을 대신할 수 있는 비슷한 이름을 모두 찾았습니다. 반석, 생수, 자존자, 영원히 계신 분, 그리스도 등등…. 하지만 주님이란 단어는 절대로 사용하지 않았습니다.

그 후 성도들은 부끄럽고 답답하여 날마다 울면서 기도했습니다.

"당신의 합당한 이름을 불러드릴 수 없다니 이 얼마나 수치스러운 일입니까? 당신의 뜻에 순종하지 않기 때문에 고귀하신 당신의 칭호조차 불러드릴 수 없습니다."

이런 식으로 해 가는 중에 교인들의 삶에는 점차 변화가 나타나기 시작했습니다.

귀로 듣기만 하는 신앙생활이 아니라 순종하는 신앙생활로 바뀌게 된 것입니다.

다시 태어나기

구원을 받는 것은 목수이신 예수님과 함께 자기 집을 수리하기로 결정하는 것입니다. 이 결심을 한 사람은 매주일 교회에 나올 때마다 톱과 망치 등 연장을 가지고 와 날을 세우고 다듬고 수선하는 일을 합니다. 이런 때 보면 모두 예수님의 조수로서 조금도 손색이 없어 보입니다. 하지만, 그들 중 대부분은 집에 돌아가면 한 주일 내내 집수리에 대해서는 까마득하게 잊어버리고 다른 일에 바빠서 삽니다. 예수님은 그의 안방부터 골방까지 모든 방을 수리할 청사진을 가지고 날마다 출근하시지만 조수가 문을 걸어 잠그고 나가서 번번이 기다리다가 톱자루 한 번도 잡지 못한 채 돌아가시곤 합니다. 주변 사람들은 한 주도 빠짐없이 연장을 가는 그의 성실성에 대해 별로 감명을 받지 않습니다. 대부분은 아무런 진척도 없는 그의 공사장을 보며 비웃고 있을 뿐입니다.

 마음열기

구원받고 난 이후 당신은 예수님께 당신의 삶을 수리할 수 있도록 해드리고 있습니까? 아니면 연장만 다듬고 있는 사람입니까?

생각하기

1. 중생의 필요성

당신이 새로 태어나고 싶은 열망을 느끼는 이유는 무엇입니까?

다윗이 자기 마음과 영혼을 새롭게 창조해 주시기를 간구했던 시편 51편은 다윗이 밧세바와 동침한 후 선지자 나단이 범죄한 그에게 왔을 때 쓰인 시입니다.

1) 엡 2:3 전에는 우리도 다 그 가운데서 우리 육체의 욕심을 따라 지내며 육체와 마음의 원하는 것을 하여 다른 이들과 같이 본질상 진노의 자녀이었더니

사람이 중생의 필요성을 느끼는 것은 하나님과 잘못된 관계에 있음을 느끼기 때문입니다.

2) 요 3:3 예수께서 대답하여 이르시되 진실로 진실로 네게 이르노니 사람이 거듭나지 아니하면 하나님의 나라를 볼 수 없느니라

이 때문에 사람이 거듭나지 않으면 결코 ☐☐☐☐☐☐에 들어갈 수 없는 상태에 있습니다.

3) 마음을 고쳐먹는다고, 교회에 잘 다닌다고 되는 것도 아닙니다. 하나님의 진노 아래 있는 사람은 반드시 다시 태어나야만 합니다.

2. 중생의 가능성

인간에게 정말 다시 태어나는 것이 가능할까요?

우선 인간의 노력으로 새사람이 되는 것은 불가능한 일입니다.

렘 13:23 구스인이 그의 피부를, 표범이 그의 반점을 변하게 할 수 있느냐 할 수 있을진대 악에 익숙한 너희도 선을 행할 수 있으리라

그러나 하나님은 당신의 약속의 □□으로 가능하다고 말씀하십니다.

벧전 1:23 너희가 거듭난 것은 썩어질 씨로 된 것이 아니요 썩지 아니할 씨로 된 것이니 살아 있고 항상 있는 하나님의 말씀으로 되었느니라

사실 거듭난다는 말의 헬라어 단어(팔링게네시아)는 '위에서 난다' 는 뜻입니다.

즉, 거듭나는 유일한 방법은 위에 계신 하나님으로부터 말미암는 것입니다.

요 1:13 이는 혈통으로나 육정으로나 사람의 뜻으로 나지 아니하고 오직 하나님께로부터 난 자들이니라

3. 중생의 방법

중생의 방법에 대해 묻는 니고데모에게 예수님은 무엇이라고 말씀하셨습니까?

요 3:5 예수께서 대답하시되 진실로 진실로 네게 이르노니 사람이 물과 성령으로 나지 아니하면 하나님의 나라에 들어갈 수 없느니라

물과 성령의 의미는 무엇일까요?

딛 3:5 우리를 구원하시되 우리가 행한 바 의로운 행위로 말미암지 아니하고 오직 그의 긍휼하심을 따라 중생의 씻음과 성령의 새롭게 하심으로 하셨나니

  1) 물은 씻음을 의미합니다.

  이것은 자기의 죄를 깨닫고 진실한 마음으로 회개하는 것입니다(히 10:22).

  우리가 회개할 가장 중요한 죄는 하나님을 떠나 있는 우리의 마음입니다.

  2) □□은 새롭게 하는 능력을 주시는 분이십니다.

  롬 8:14 무릇 하나님의 영으로 인도함을 받는 사람은 곧 하나님의 아들이라

  벧후 1:4 이로써 그 보배롭고 지극히 큰 약속을 우리에게 주사 이 약속으로 말미암아 너희가 정욕 때문에 세상에서 썩어질 것을 피하여 신성한 성품에 참여하는 자가 되게 하려 하셨느니라

  성령은 예수님께서 믿는 자에게만 주시는 선물입니다(딛 3:6).

성육신

부활

재림

심판

주되심

거듭남

구원의 증거

자백과 용서

성령의 열매

비전

성육신

부활

재림

심판

주되심

거듭남

구원의 증거

자백과 용서

성령의 열매

비전

예수님을 주인으로 모신 자에게 계시는 성령님은 우리를 하나님께 순종하며 하나님을 닮아가는 새사람의 능력을 주십니다.

4. 새사람을 입으라

예수님은 중생한 자를 무엇과 같다고 비유하셨습니까?

요 3:7-8 내가 네게 거듭나야 하겠다 하는 말을 놀랍게 여기지 말라 바람이 임의로 불매 네가 그 소리는 들어도 어디서 와서 어디로 가는지 알지 못하나니 성령으로 난 사람도 다 그러하니라

바람의 형체는 눈으로 볼 수는 없습니다. 하지만, 바람의 실재를 의심하는 사람은 아무도 없습니다. 이처럼 다시 태어난 사람은 외모로는 바뀐 것을 찾아볼 수 없지만 그의 거듭남은 자신뿐만 아니라 다른 사람들도 느낄 수 있는 확실한 것입니다. 중생은 이처럼 실제적인 것입니다.

하나님은 거듭날 것을 명령하고 있습니다.

엡 4:22-24 너희는 유혹의 욕심을 따라 썩어져 가는 구습을 따르는 옛 사람을 벗어 버리고 오직 너희의 심령이 새롭게 되어 하나님을 따라 의와 진리의 거룩함으로 지으심을 받은 새사람을 입으라

 나의 이야기

■ 당신은 새롭게 태어나기로 결심하지 않겠습니까? 그렇다면, 예수님의 보혈의 씻음과 성령의 새롭게 하시는 능력을 구하는 시간을 다함께 가지도록 합시다.

정답 | ①하나님 나라 ②말씀 ③성령

그만 좀 치우거라

예수님이 문을 두드리십니다. 너무나 귀한 손님께서 집에 들어오시려는 것입니다. 그러면 우리는 그냥 들어오시라고 할 수 없어 잠깐만 기다리시라고 하고는 방에 들어가 서둘러 냄새나고 더러운 곳을 치우고 감추기 시작합니다. 그런데 문제는 치워도 치워도 끝이 없고 더 어수선해지기만 한다는 것입니다. 우리는 탄식합니다.

"이렇게까지 더러울 줄은 정말 미처 몰랐다. 치우면 치울수록 온갖 곳에서 썩은 것, 상한 것, 냄새나는 것, 깨진 것들이 튀어나오니…"

밖에서는 예수님이 계속 문을 두드리고 계십니다. 그러나 우리는 부끄러워서 예수님께 문을 열어드리지 못하고 계속 치우기만 합니다. 이것은 예수님을 대하는 우리의 보편적인 태도입니다.

이제 우리는 우리 손에서 청소도구들을 내려놓고 문밖에서 외치시는 예수님의 음성에 귀를 기울여야 합니다.

예수님은 우리에게 이렇게 말씀하십니다.

"그만 좀 치우거라. 감출 필요도 없다. 나는 네 방이 궁궐 같이 화려한 곳이 아니라도 괜찮다. 내가 더러운 마구간에 온 것은 네가 있는 곳이라면 어디라도 마다하지 않는다는 것을 보여 주기 위해서였단다. 그러니 걱정하지 말고 어서 문을 열어다오."

예수님이 계시지 않은 곳은 아무리 깨끗하게 치워도 절대로 깨끗해지지 않습니다. 자기 힘으로 마음을 정리하고 죄를 해결하려고 하면 더 깊은 혼란과 열등감에 빠질 수밖에 없습니다. 그러나 예수님께서 들어오시기만 하면 아무리 더러운 곳이라도 왕궁처럼 변하게 됩니다.

우리가 예수님을 믿는데도 궁궐 같은 삶을 누리지 못하는 것은 아직도 스스로 자기를 치우려고 발버둥치고 있기 때문입니다. 우리는 자기를 포기하고 삶의 모든 방에 예수님을 조건 없이 주인으로 영접해야 합니다.

구원의 증거

어떤 성자가 한번은 제자들을 불러 모아놓고 물었습니다.
"그대들은 밤의 어둠이 지나고 새날이 밝아온 것을 어떻게 아느냐?"
제자 중의 하나가 대답했습니다. "동창이 밝아오는 것을 보면 새날이 온 것을 알 수 있습니다." 스승은 아니라고 말했습니다. 다른 제자가 "창문을 열어보고 사물이 그 형체를 드러내어 나무도 꽃도 보이기 시작하면 새날이 밝아온 것을 알 수 있습니다"라고 말했습니다. 스승은 역시 아니라고 했습니다. 이렇게 여러 제자가 나름대로 말했지만 모두 아니라고 하자 이번에는 제자들 편에서 물었습니다. "그러면 스승께서는 밤이 가고 새날이 밝아온 것을 무엇으로 알 수 있습니까?"
스승은 이렇게 대답했습니다.
"너희가 눈을 뜨고 밖을 내다보았을 때 지나가는 모든 사람이 형제로 보이면 그때가 비로소 새날이 밝아온 것이다."

 마음열기

당신은 새날에 대해 이 스승이 한 말의 의미를 무엇이라고 생각합니까?

 생각하기

구원받은 사람에게서 나타나는 모습에는 어떤 것들이 있을까요? 요한일서는 구원받은 사람들의 증거에 대해 명쾌하게 세 가지로 답변하고 있습니다.

1. ☐ 를 거부함

구원받은 신자에게서 나타나는 첫 번째 증거는 죄를 거부하는 것입니다.

요일 3:6 그 안에 거하는 자마다 범죄하지 아니하나니 범죄하는 자마다 그를 보지도 못하였고 그를 알지도 못하였느니라

요일 3:9 하나님께로부터 난 자마다 죄를 짓지 아니하나니 이는 하나님의 씨가 그의 속에 거함이요 그도 범죄하지 못하는 것은 하나님께로부터 났음이라

여기에 나오는 죄를 범하지 아니한다는 동사는 계속적인 상태를 말하는 것으로 계속해서 죄를 범하지 않는다는 뜻입니다.

나는 자신이 범죄할 때 괴로움을 느낍니까? 아니면 즐겁습니까?
나는 다른 사람의 범죄를 볼 때 염려스럽고 역겹습니까? 호기심이 생기고 부럽습니까?

어떤 사람이 구원받았다고 주장하면서도 계속해서 어두움 가운데 거하고, 죄를 즐기고, 죄를 자랑한다면 그는 결코 구원받은 사람이 아닙니다(요일 1:6).

2. ☐☐과 구원의 ☐☐

1) 요일 1:8 만일 우리가 죄가 없다고 말하면 스스로 속이고 또 진리가 우리 속에 있지 아니할 것이요

요일 1:10 만일 우리가 범죄하지 아니하였다 하면 하나님을 거짓말하는 이로 만드는 것이니 또한 그의 말씀이 우리 속에 있지 아니하니라

한 가지 확실히 해야 할 것은 요한일서가 구원의 증거에 대해 죄를 전혀 짓지 않는 것이라고 말하는 것이 아니라는 점입니다.

2) 요일 1:9 만일 우리가 우리 죄를 자백하면 그는 미쁘시고 의로우사 우리 죄를 사하시며 우리를 모든 불의에서 깨끗하게 하실 것이요

구원받은 신자도 범죄할 수 있습니다. 이 때문에 신자에게는 십자가 앞에 날마다 자신의 죄를 자백하는 기도가 필요합니다.

3) 하지만, 신자의 자백은 구원이 아니라 구원의 기쁨을 위함입니다. 신자가 범죄했을 때 회복해야 하는 것은 구원 자체가 아니라 구원의 즐거움입니다(시 51:12). 구원 이후에 결코 범죄하지 않는다고 자랑하는 무리는 스스로 속이는 이단일 뿐입니다.

3. ☐☐☐☐

요한일서가 말하는 구원받은 신자의 세 번째 증거는 형제사랑입니다.

요일 3:14 우리는 형제를 사랑함으로 사망에서 옮겨 생명으로 들어간 줄을 알거니와 사랑하지 아니하는 자는 사망에 머물러 있느니라

반대로 아무리 믿음이 있다고 해도 형제를 사랑하는 마음이 없는 사람은 구원받은 백성이 아닙니다.

요일 3:10 이러므로 하나님의 자녀들과 마귀의 자녀들이 드러나나니 무릇 의를 행하지 아니하는 자나 또는 그 형제를 사랑하지 아니하는 자는 하나님께 속하지 아니하니라

신자는 사랑할 수밖에 없는 이유를 가진 사람들입니다.

우리 아버지 하나님을 한마디로 표현하면 사랑입니다(요일 4:8). 신자는 다른 것에는 몰라도 사랑하는 일에는 전문가가 되어야 합니다.

성육신

부활

재림

심판

주되심

거듭남

구원의 증거

자백과 용서

성령의 열매

비전

성육신

부활

재림

심판

주되심

거듭남

구원의 증거

자백과 용서

성령의 열매

비전

우리는 가장 연약하고 부끄러운 자리에 있을 때 가장 놀라운 사랑을 받았습니다. 그러므로 우리는 연약하고 부족한 형제까지도 사랑할 수 있는 이유가 있는 것입니다.

요일 3:16 그가 우리를 위하여 목숨을 버리셨으니 우리가 이로써 사랑을 알고 우리도 형제들을 위하여 목숨을 버리는 것이 마땅하니라

성령님은 지금도 끊임없이 구원받은 성도 안에서 형제를 사랑하라고 말씀하고 계십니다.

 나의 이야기

■ 내가 신자로서 더욱 철저히 싸워야 할 죄들은 없습니까?

■ 내가 지금 자백해야 할 죄들은 없습니까?

■ 지금 내 속에 계신 성령님께서 사랑하라고 말씀하시는 지체는 누구입니까?
  나는 그것에 얼마나 순종하고 있었습니까?

정답 | ①죄 ②자백 ③기쁨 ④형제사랑

사랑이 없으면
아무것도 아닙니다.

김치찌개를 끓이는데 돼지고기가 없으면 햄을 넣으면 됩니다. 햄이 없으면 참치를 넣어도 됩니다. 양파가 없으면 대파나 마늘을 넣어도 되고, 정 없으면 안 넣어도 상관없습니다. 그러나 아무리 이것들을 모두 다 넣고 만들어도 거기에 김치가 빠진다면 김치찌개가 될 수 없습니다. 신자의 삶에도 김치찌개의 김치와 같은 것이 있습니다. 그것은 사랑입니다. 많은 신자는 그리스도인의 의무를 성경 읽는 것, 기도, 예배 참석, 십일조 등이라고 생각합니다. 어떤 사람은 담배, 술, 세속적인 영화를 보는 것 등 몇 가지 행동을 조심하는 것이라고 생각합니다. 그래서 이런 것들만 잘하면 그는 자신의 신앙에 대해 별문제를 느끼지 않고 다른 사람도 그를 신앙이 깊다고 말합니다.

그러나 하나님이 우리에게 요구하시는 크고 첫째 되는 의무는 하나님을 사랑하고 이웃을 자기 몸과 같이 사랑하라는 것입니다.

요한일서는 구원받은 사람을 식별할 수 있는 증거에 대해서 잘 말해줍니다. 여러분이 정말 구원받았음을 알 수 있는 표시가 무엇입니까? 많은 사람은 구원의 표시를 더 이상 죄를 짓지 않는 것이라고 생각합니다. 하지만, 우리가 죄를 더 이상 짓지 않는다고 하면 그것은 스스로 속이는 것이고 하나님을 거짓말쟁이로 만드는 것이라 고 말씀하고 있습니다.

구원받은 신자라도 범죄할 수 있습니다.

요한일서에서 하나님의 자녀와 마귀의 자녀를 구별하는 확실한 표식은 바로 형제를 사랑하는 모습입니다. 그러므로 당신이 아무리 "나는 오늘 죽어도 천국에 들어갈 자신이 있다"라고 큰소리를 쳐도 마음 속에 사랑이 없으면 아무것도 아니라고 선언합니다(고전 13:3).

'신자−사랑=0' 입니다.

먼저읽기

예수님의 보혈은 우리의 모든 죄의 때를 완전히 목욕시켜 주었습니다.
하지만, 우리는 날마다 영적인 세수를 해야 합니다.
아침에 세수를 하지 않고 집을 나서게 되면 다른 사람의 시선보다 스스로 상상하는 자기 모습 때문에 하루 종일 사람들을 대할 때 위축을 받게 됩니다.
이처럼 영적인 세수를 하지 않으면 우리의 영이 위축되어 하나님과의 교제를 기피하게 됩니다.
영적인 세수는 날마다 범하는 죄에 대해 하나님 앞에서 드리는 자백입니다.
우리의 자백은 하나님의 심판을 피하기 위한 것이 아니라 영의 담대함을 얻어 하나님과 투명한 교제를 나누기 위한 것입니다.

자백과 용서

 마음열기

예수님을 믿고 난 후에 범죄한 적이 있습니까? 그 후의 기분이 어떠했습니까?

 생각하기

1. 신자와 범죄

1) 요일 1:10 만일 우리가 범죄하지 아니하였다 하면 하나님을 거짓말하는 이로 만드는 것이니 또한 그의 말씀이 우리 속에 있지 아니하니라
구원받은 신자라고 결코 죄를 짓지 않는 것이 아닙니다.

우리는 근신하지 않을 때(벧전 5:8), 영적으로 미성숙할 때(고전 3:1-3), 세상 사랑하는 마음을 버리지 못할 때(약 4:4), 그리고 적극적으로 의의 병기로 자신을 드리지 않을 때(롬 6:13) 얼마든지 사단의 속임에 빠질 수 있는 것입니다.

2) 사 59:2 오직 너희 죄악이 너희와 너희 하나님 사이를 갈라 놓았고 너희 죄가 그의 얼굴을 가리어서 너희에게서 듣지 않으시게 함이니라
신자의 범죄는 결코 구원을 취소시키지 못합니다. 그러나 하나님과의 친밀한
□□□는 방해받게 됩니다.

3) 요일 1:9 만일 우리가 우리 죄를 자백하면 그는 미쁘시고 의로우사 우리 죄를 사하시며 우리를 모든 불의에서 깨끗하게 하실 것이요
하나님은 범죄한 신자가 당신과의 관계를 회복할 수 있는 한 가지 길을 마련하셨습

니다. 그것은 ☐☐입니다.

예수님을 주로 모시기 위한 회개는 일평생 한 번만 하면 되는 영적인 목욕입니다. 그러나 자백은 외출에서 돌아오면 손발을 씻는 것처럼 수시로 해야 하는 것입니다.

2. 자백 VS 감추기

1) 당신은 범죄했을 때 즉시 하나님께 자백하는 편입니까? 감추고 잊으려고 노력하는 편입니까? 성경은 이에 대해 무엇이라고 말씀하고 있습니까?

잠 28:13 자기의 죄를 숨기는 자는 형통하지 못하나 죄를 자복하고 버리는 자는 불쌍히 여김을 받으리라

이 문제로 고민했던 다윗의 고백을 들어 봅시다.

- **감출 때**

시 32:3-4 내가 입을 열지 아니할 때에 종일 신음하므로 내 뼈가 쇠하였도다 주의 손이 주야로 나를 누르시오니 내 진액이 빠져서 여름 가뭄에 마름 같이 되었나이다

- **자백할 때**

시 32:5 내가 이르기를 내 허물을 여호와께 자복하리라 하고 주께 내 죄를 아뢰고 내 죄악을 숨기지 아니하였더니 곧 주께서 내 죄악을 사하셨나이다

이 같은 경험을 한 다윗은 결론적으로 우리에게 무슨 충고를 하고 있습니까?

시 32:9 너희는 무지한 말이나 노새 같이 되지 말지어다 그것들은 재갈과 굴레로 단속하지 아니하면 너희에게 가까이 가지 아니하리로다

2) 시 51:17 하나님께서 구하시는 제사는 상한 심령이라 하나님이여 상하고 통회하는 마음을 주께서 멸시하지 아니하시리이다

성경은 하나님께서 계속되는 우리의 자백에 대해 짜증스러워 하시지 않고 도리어 가장 원하는 것을 받은 것처럼 기뻐하신다고 말씀합니다.

또한, 성경은 자백한 죄에 대한 확실한 ☐☐의 보장으로 가득 차 있습니다.

미 7:18-19 주와 같은 신이 어디 있으리이까 주께서는 죄악과 그 기업에 남은 자의 허물을 사유하시며 인애를 기뻐하시므로 진노를 오래 품지 아니하시나이다 다시 우리를 불쌍히 여기셔서 우리의 죄악을 발로 밟으시고 우리의 모든 죄를 깊은 바다에 던지시리이다

시 103:12 동이 서에서 먼 것 같이 우리의 죄과를 우리에게서 멀리 옮기셨으며

사 44:22 내가 네 허물을 빽빽한 구름 같이, 네 죄를 안개 같이 없이하였으니 너는 내게로 돌아오라 내가 너를 구속하였음이니라

성육신

부활

재림

심판

주되심

거듭남

구원의 증거

자백과 용서

성령의 열매

비전

3. 무엇을 어떻게 자백할 것인가?

1) 다윗은 평소 어떤 죄들에 대해 자백했는지 살펴봅시다.

시 19:12-13 자기 허물을 능히 깨달을 자 누구리요 나를 숨은 허물에서 벗어나게 하소서 또 주의 종에게 고의로 죄를 짓지 말게 하사 그 죄가 나를 주장하지 못하게 하소서 그리하면 내가 정직하여 큰 죄과에서 벗어나겠나이다

· 숨은 허물 : 스스로 죄인지 잘 인식하지 못하는 죄
· 고의로 지은 죄(고범죄) : 습관적으로 넘어지는 죄

우리가 흔히 잘 넘어지는 고범죄에는 자기를 높이는 교만(눅 14:11), 성적인 죄(엡 5:3), 부정한 언어(엡 5:4), 옛날 습관을 버리지 못하는 것(엡 4:22) 등이 있습니다.

2) 약 5:16 그러므로 너희 죄를 서로 고백하며 병이 낫기를 위하여 서로 기도하라 의인의 간구는 역사하는 힘이 큼이니라

초대 교회는 자백의 방법에 대해 서로 죄를 고백하고 함께 기도할 것을 제시하고 있습니다.

어두움은 빛을 이기지 못합니다. 서로를 위해 기도하는 진실한 공동체에서 죄를 드러내면 죄는 더 이상 영향력을 행사할 수 없습니다.

 나의 이야기

■ 오늘 내가 그리스도 앞에 자백해야 할 숨은 허물과 범죄는 무엇입니까?

■ 우리의 모임은 서로 죄를 고백할 수 있는 진실한 신앙공동체가 되어 있습니까?
그렇지 않다면 이 같은 공동체가 될 수 있도록 기도합시다.

정답 | ①교제 ②자백 ③용서

여디디아

다윗이 밧세바에게서 얻은 첫 아들이 칠 일 만에 죽고, 다윗은 밤마다 침상을 눈물로 적시며 철저하게 참회했습니다. 그러자 하나님은 밧세바에게서 솔로몬이 태어났을 때 '여디디아' 라는 이름을 주셨습니다. 여디디아의 뜻은 '여호와께 사랑을 입은 자' 입니다. 다윗은 본부인에게서 태어난 압살롬, 아도니야 같은 준수한 아들들이 많이 있었습니다. 하지만, 하나님은 밧세바에게서 난 아들 솔로몬을 택하여 이스라엘의 왕으로 세우셨습니다. 하나님은 회개의 열매를 사랑하십니다.

농부는 땅을 깊이 파면 팔수록 곡식의 성장에 좋음을 압니다. 하나님도 마음의 분쇄가 깊으면 깊을수록 진리의 성장에 좋음을 아십니다. 죄를 범하면 우리는 자신의 약함을 알게 되고, 동시에 하나님의 강함과 그 깊은 은혜를 알게 됩니다. 죄는 우리를 온유하게 하며, 남을 쉽게 용서하게 하고, 가슴 아프게 회개하는 사람이 되게 합니다.
그러므로 하나님께서는 나면서부터의 의인보다 회개한 죄인을 사랑하시고, 깨끗한 사람보다 죄를 슬퍼하는 사람을 사용하시는 것입니다.

우리가 가장 사모할 이름은 회개의 열매인 '여디디아' 입니다.
한 성도는 이렇게 고백했습니다.

> "내가 한 번 죄를 범한다면 나는 일어나 아버지께로 가리라, 내가 두 번 죄를 범해도 일어나 아버지께로 가리라. 내가 일곱 번 죄를 범한다 해도 아버지께로 갈 것이며, 내가 일곱 번의 일흔 번 죄를 범한대도 일어나 바로 아버지께로 갈 것이다!"

세상에 회개한 죄인처럼 행복한 사람은 없습니다.

나무는 열매로 그 진정한 가치를 평가받습니다.
사과나무는 크리스마스트리처럼 화려한 장식품을 달
고 있지 않아도 주인에게 이렇게 변명할 수 있습니다.
"저에게는 아무런 선물도 걸려 있지 않습니다."
하지만, 저는 최선을 다해 저의 열매를 맺었습니다."
이와 마찬가지로 우리도 열매 맺기 위해 심겨진 성령
의 나무들입니다.
그러므로 비록 우리에게 아름다운 외모나 탁월한 재
능과 같은 장식품이 없다 하더라도 만약 성령의 열매
를 맺는다면 괜찮습니다.
하지만, 반대로 성령의 열매가 없는 것에 대해서는
변명의 여지가 없습니다.

성령의 열매

 마음열기

'나' 라는 나무에는 지금 어떤 성령의 열매가
얼마만큼 맺혀 있습니까?

(성령의 열매 : 사랑, 희락, 화평, 인내,
자비, 양선, 충성, 온유, 절제)

 생각하기

1. 우리의 성품이 맺는 열매

1) 하나님은 우리의 성품을 신의 성품에 참여하는 자가 되게 하신다고 말씀합니다.
하지만, 우리는 구원받은 후에도 여전히 좋지 못한 성품들이 드러나고 있습니다.
• 당신이 원하지는 않지만 자주 드러나는 좋지 못한 모습에는 무엇이 있습니까?
• 당신이 원하는 바람직한 성품에는 어떤 것들이 있습니까?

2) 신자에게 이와 같은 어려움이 있는 이유에 대해 성경은 무엇이라고 설명합니까?
갈 5:17 육체의 소욕은 성령을 거스르고 성령은 육체를 거스르나니 이 둘이 서로
대적함으로 너희가 원하는 것을 하지 못하게 하려 함이니라
성경은 육체의 소욕을 따를 때 나타나는 결과에 대해 "음행과 더러운 것과 호색과
우상 숭배와 주술과 원수 맺는 것과 분쟁과 시기와 분냄과 당 짓는 것과 분열함과
이단과 투기와 술 취함과 방탕함" 등이라고 지적합니다(갈 5:19-21).
이 중 나에게서 자주 나타나는 모습에는 어떤 것들이 있습니까?

3) 어떻게 하면 이 같은 문제를 극복할 수 있습니까?

갈 5:16 내가 이르노니 너희는 성령을 따라 행하라 그리하면 육체의 욕심을 이루지 아니하리라

성령님께서 하시는 가장 주된 사역은 우리의 인격을 바꾸어 그리스도와 닮은 삶을 살 수 있도록 돕는 것입니다. 많은 그리스도인이 성품을 새롭게 하시는 성령님께 순종하지 못함으로 결과적으로 삶을 변화시키지 못하고 있습니다.

2. 성령의 열매

성령을 좇아 행할 때 나타나는 열매에는 어떤 것들이 있습니까?

갈 5:22-23 오직 성령의 열매는 사랑과 희락과 화평과 오래 참음과 자비와 양선과 충성과 온유와 절제니 이 같은 것을 금지할 법이 없느니라

a. (   ) : 모두에게 가장 좋은 것을 주려는 마음   e. (   ) : 착한 일을 이루려는 의지

b. (   ) : 하나님께 기반을 둔 기쁨   f. (   ) : 변함없는 신실함

c. (   ) : 아무와도 막힘없는 평화   g. (   ) : 자아가 주님께 굴복된 모습

d. (   ) : 화낼 이유가 충분해도 더디함   h. (   ) : 욕망을 극복하는 정신

주님은 그 열매로 사람을 판단할 것이라고 하셨습니다. 신자에게 가장 필요한 것이 바로 성령의 열매를 맺는 삶입니다. 성령의 열매를 맺기 위해서는 구체적으로 어떻게 해야 합니까?

3. 성령을 좇아 사는 삶

1) 내가 저 안에, 저가 내 안에

요 15:5 나는 포도나무요 너희는 가지라 그가 내 안에, 내가 그 안에 거하면 사람이 열매를 많이 맺나니 나를 떠나서는 너희가 아무것도 할 수 없음이라

우선 성령이 내 안에 계심을 깊이 인식해야 합니다.

분명히 성령님이 내 안에 계시지만 내 삶이 조금도 변하지 않는 것은 내가 그분을 인정하지 않고 그분께 순종하지 않기 때문입니다.

그런 다음에 내가 성령님께 힘써 들어가야 합니다. 이것은 성령님께 순종하는 것을 의미합니다.

에스겔이 본 환상(겔 47:1-5)은 성령께 순종하는 것이 무엇인지 잘 보여줍니다. 우리가 얕은 물 속에서는 자기 마음대로 다닐 수 있지만 깊은 물 속에 들어가면 그렇게 할 수 없습니다. 이와 마찬가지로 우리가 성령님 속에 깊이 잠기기 전에는 비록 내 속에 성령님이 계셔도 내 뜻대로 살 수 있지만, 성령님께 온전히 순종하여 그 속에 완전히 잠기게 되면 모든 일에서 그분의 뜻을 따르는 삶을 살게 됩니다.

성육신

부활

재림

심판

주되심

거듭남

구원의 증거

자백과 용서

성령의 열매

비전

성육신

부활

재림

심판

주되심

거듭남

구원의 증거

자백과 용서

성령의 열매

비전

2) 성령님께 순종한다는 말의 의미

딤후 1:13-14 너는 그리스도 예수 안에 있는 믿음과 사랑으로써 내게 들은 바 바른 말을 본받아 지키고 우리 안에 거하시는 성령으로 말미암아 네게 부탁한 아름다운 것을 지키라

성령께서 우리에게 순종하도록 부탁하시는 아름다운 것들은 특별한 것이 아니라 자주 우리가 듣는 진리의 말씀들입니다.

 나의 이야기

■ 성령의 열매 중 자신이 가장 사모할 만한 것은 무엇입니까?

■ 성령님이 자기 안에 계심을 인식할 때까지 "성령님이 내 안에 계셔"라는 진리를 자신에게 10번 이상 되풀이해서 말할 계획을 세워봅시다.

■ 에스겔의 환상에 비추어 볼 때 성령님을 향한 나의 순종의 정도는 어느 단계입니까?
　☐ 발목　　　☐ 무릎　　　☐ 허리　　　☐ 헤엄칠 만큼

정답 | ⓐ자비 ⓑ희락 ⓒ화평 ⓓ오래 참음 ⓔ양선 ⓕ충성 ⓖ온유 ⓗ절제

값진 치장

성탄의 계절이 되면 크리스마스트리들이 아름답고 화려한 색깔과 선물들로 멋지게 장식됩니다. 하지만, 크리스마스가 지나면 그 멋진 크리스마스트리들이 맞아야 하는 운명은 결국 쓰레기장 행입니다. 그러나 정원에 있는 사과나무는 비록 화려하지는 않지만 쓰레기장에 보내지지 않습니다. 사과나무와 크리스마스트리의 차이는 무엇입니까?

크리스마스트리는 많은 선물을 달고 있습니다. 그러나 열매들을 가지고 있지는 않습니다. 선물은 열매보다 당장 보기는 좋지만 여전히 선물일 따름이고 자기 것이 아닙니다. 그래서 트리에 선물을 거두어 버리고 나면 그 나무의 가치는 없어지고, 오히려 쓰레기 수거비를 더 주어야만 합니다. 열매도 맺고 아름다운 선물까지 달려 있으면 제일 좋겠지요. 그러나 선물보다 더 중요한 것은 열매라는 사실을 기억하십시오.

우리는 열매 맺기 위해 심겨진 성령의 나무들입니다. 우리 중 어떤 사람은 외모를, 어떤 이는 연륜을, 또 어떤 이는 직분이나 자기가 가진 신령한 은사를 자랑합니다. 그러나 자랑하기 전에 우리는 무성한 잎 가운데에 성령의 열매가 있는지를 먼저 살펴보아야 합니다. 왜냐하면, 나무는 열매로 인하여서만 그 진정한 가치를 알 수 있기 때문입니다. 우리가 비록 아름다운 외모나 은사를 가지고 있지 못해도 괜찮습니다. 사과나무는 선물을 달고 있지 않아도 주인에게 이렇게 변명할 수 있습니다.

"죄송합니다만, 아무도 저에게는 선물을 걸어 주지 않았습니다. 하지만, 저는 최선을 다해서 저의 열매를 맺었습니다."

그러나 우리에게 성령의 열매가 없는 것에 대해서는 변명의 여지가 없습니다. 성경은 값진 치장이 무엇인지 말해 줍니다.

"너희의 단장은 머리를 꾸미고 금을 차고 아름다운 옷을 입는 외모로 하지 말고 오직 마음에 숨은 사람을 온유하고 안정한 심령의 썩지 아니할 것으로 하라 이는 하나님 앞에 값진 것이니라"(벧전 3:3~4).

하나님 나라의 비전

먼저읽기

한 연구에 의하면 인간의 95%는 자신의 인생 목표를 전혀 글로 적어본 적이 없다고 한다. 그러나 자신의 목표를 글로 써본 적이 있는 5%의 사람들 중 95%는 자신의 목표를 성취한다고 한다. 1953년 미국 예일대학에서는 졸업생들에게 인생의 목표를 써서 제출하라고 요구한 일이 있었다. 이때 3%의 학생들만이 구체적인 목표를 적어냈다. 그런데 22년 후인 1975년, 이들 졸업생의 업적을 연구한 결과에 따르면, 인생의 목표를 써냈던 3%의 학생들이 성취한 업적이 그렇지 않았던 97%의 업적을 합한 것보다 더 많았다고 한다.

 마음열기

나에게는 글로 쓸 수 있는 구체적인 비전이 있습니까? 그것은 무엇입니까?

 생각하기

1. 인류의 비전

아래의 보기는 인류가 가지고 있는 가장 간절한 염원들입니다.

1) 군비 경쟁과 전쟁의 종식
2) 정의와 공평이 실현되는 사회
3) 모든 공포에서의 해방과 평화
4) 가난과 기아로부터의 해방
5) 질병과 죽음의 극복
6) 하나님과의 완전한 화해

이 중 당신은 무엇이 가장 시급하게 해결되어야 한다고 생각하십니까?
그것을 위해 자신이 할 수 있는 일은 어떤 것이 있습니까?

2. 하나님 나라의 비전

성서에 이름을 붙여야 한다면 그것은 '도래할 하나님 나라에 관한 책' 이라고 하는 것이 가장 정확할 것입니다. 성경에는 하나님 나라에 대한 예언과 기대가 가득 차 있습니다.
성경은 하나님께서 다스리시는 나라를 어떤 곳으로 묘사하고 있습니까?

1) 사 2:4 그가 열방 사이에 판단하시며 많은 백성을 판결하시리니 무리가 그들의 칼을 쳐서 보습을 만들고 그들의 창을 쳐서 낫을 만들 것이며 이 나라와 저 나라가 다시는 칼을 들고 서로 치지 아니하며 다시는 전쟁을 연습하지 아니하리라

2) 사 9:7 그 정사와 평강의 더함이 무궁하며 또 다윗의 왕좌와 그의 나라에 군림하여 그 나라를 굳게 세우고 지금 이후로 영원히 정의와 공의로 그것을 보존하실 것이라 만군의 여호와의 열심이 이를 이루시리라

3) 사 65:25 이리와 어린 양이 함께 먹을 것이며 사자가 소처럼 짚을 먹을 것이며 뱀은 흙을 양식으로 삼을 것이니 나의 성산에서는 해함도 없겠고 상함도 없으리라 여호와께서 말씀하시니라

4) 사 35:1 광야와 메마른 땅이 기뻐하며 사막이 백합화 같이 피어 즐거워하며 슥 1:17 그가 다시 외쳐 이르기를 만군의 여호와의 말씀에 나의 성읍들이 넘치도록 다시 풍부할 것이라 여호와가 다시 시온을 위로하며 다시 예루살렘을 택하리라 하라 하니라

5) 계 21:4 모든 눈물을 그 눈에서 닦아 주시니 다시는 사망이 없고 애통하는 것이나 곡하는 것이나 아픈 것이 다시 있지 아니하리니 처음 것들이 다 지나갔음이러라

6) 계 21:3 내가 들으니 보좌에서 큰 음성이 나서 이르되 보라 하나님의 장막이 사람들과 함께 있으매 하나님이 그들과 함께 계시리니 그들은 하나님의 백성이 되고 하나님은 친히 그들과 함께 계셔서(사 65:24 참고)

하나님 나라에 대한 6가지 묘사와 인류의 가장 깊은 6가지 염원에는 어떤 관계가 있습니까?
사실 인류의 비전은 바로 하나님 나라에 대한 소망이라고 할 수 있습니다.

3. 하나님 나라의 비전을 품는 삶

1) 눅 17:20-21 바리새인들이 하나님의 나라가 어느 때에 임하나이까 묻거늘 예수께서 대답하여 이르시되 하나님의 나라는 볼 수 있게 임하는 것이 아니요 또 여기 있다 저기 있다고도 못하리니 하나님의 나라는 너희 안에 있느니라
하나님 나라는 우리가 죽어서 들어가는 곳이나 혹은 미래에 완성될 나라만을 의미하지는 않습니다. 이 나라는 이미 □□ 안에 존재한다는 것이 복음서의 핵심입니다.

성육신

부활

재림

심판

주되심

거듭남

구원의 증거

자백과 용서

성령의 열매

비전

성육신

부활

세례

심판

주되심

거듭남

구원의 증거

자백과 용서

성령의 열매

비전

2) 마 13:31 또 비유를 들어 이르시되 천국은 마치 사람이 자기 밭에 갖다 심은 겨자씨 한 알 같으니

마 13:33 또 비유로 말씀하시되 천국은 마치 여자가 가루 서 말 속에 갖다 넣어 전부 부풀게 한 누룩과 같으니라

하나님 나라는 예수님 안에서 체험하는 의와 평화와 기쁨 등을 통해서 우리 마음 속에 이미 이루어져 있습니다. 물론 이 하나님 나라는 매우 미미합니다. 하지만, 그것은 점점 우리로부터 시작하여 온 세계로 확장되어 갑니다.

천국을 나타내는 비유에 사용된 식물은 무엇입니까? ☐☐☐☐ 와 ☐☐
이것이 상징하는 것은 확장성입니다. 하나님 나라의 꿈은 미미해 보일 수 있습니다. 하지만, 하나님 나라의 꿈은 결국 반드시 성취될 것입니다.
오늘도 하나님은 하나님 나라 확장을 위해 연약한 우리를 초대하십니다.
모든 신자의 가장 큰 비전은 하나님 나라의 꿈이 되어야 합니다.
눅 12:32 적은 무리여 무서워 말라 너희 아버지께서 그 나라를 너희에게 주시기를 기뻐하시느니라

 나의 이야기

■ 하나님 나라의 비전을 자신의 비전으로 삼는 결단의 글을 기록해 봅시다.

나의 비전

제가 여기 있사오니

역사상 일어났던 대규모의 세계선교운동
에 결정적인 원동력이 된 것은 학생들의
꿈과 기도와 열정이었습니다.
열 살의 소년 진젠도르프는 교파 간의 갈
등이 심각하고 선교를 비웃던 18세기에 교파
에 관계없이 화해하고, 해외에 복음을 전하기 위

해 다섯 소년과 함께 '겨자씨 모임'이라는 기도모임을 결성했습니다. 스물세 살이 되어
진젠도르프는 드디어 교회연합운동인 '모라비아 형제회'를 시작하게 되었고, 그 후 20년
동안 역사상 모든 교회가 보내었던 선교사들보다 더 많은 숫자의 선교사를 전 세계에 파
송했습니다.

찰스 웨슬레는 스무 살에 부패해가던 영국 사회를 개혁하려는 꿈을 가지고 네 명의 친구
와 함께 '홀리클럽'(Holy Club)을 만들었습니다. 그들은 같이 성경을 공부하고 규칙적으
로 금식하고 구제하면서 철저하게 말씀대로 살았습니다. 이 홀리클럽 운동은 발전하여 암
흑에 있던 영국 사회를 구원했고 그 시대를 위대한 부흥의 시대로 만들었습니다.

스무세 살의 사무엘 밀즈는 북미에 아직 한 명의 해외선교사도, 단 한 개의 선교사 파송기
관도 없었던 19세기에 4명의 친구와 건초더미 아래에서 세계 선교에 대한 큰 각성이 일어
나도록 기도했습니다. 이 기도는 최초의 미국 해외선교부가 만들어지게 했으며, 같이 기
도하던 4명이 첫 북미 선교사로서 파송받게 했고, 또 시간이 지나 1888년의 유명한 '학생
선교자원자 운동'을 일으키는 밑거름이 되었습니다. 이 '학생 선교자원자 운동'은 향후
50년 동안 역사상 그 어떤 선교사들보다도 헌신된 20,500명의 학생을 선교사로 파송하였
습니다.

이 시대에 환상을 가진 젊은이, 기도하는 젊은이, "제가 여기 있사오니 나를 보내주소서"
하는 열정의 젊은이는 어디에 있습니까?

저 | 자 | 소 | 개

권지현(kjhgtm@empal.com)

지티엠의 대표이며 다음세대교회 담임목사로 있습니다. 청소년 신앙지 「왕의 아이들」
발행인과 두란노서원 「예수나라」편집장을 역임했으며, 현재 「세계를 품는 경건의 시간
GT」의 편집인과 「주니어 GT, 주티」의 발행인으로 집필을 담당하고 있습니다. 코스타
와 유스 코스타의 강사로 섬기고 있으며, 청소년 성경공부 교재 〈글로벌틴〉시리즈와 장년 성경공부교재
〈스파크 셀양육〉시리즈를 집필하고 있습니다.

신앙기초 세우기 2 🚶 교리2

초판 | 2001. 11. 1
개정판 발행 | 2007. 11. 12
개정판 20쇄 | 2016. 4 .7
지은이 | 권지현
발행처 | 지티엠
등록 | 제10-0763호
　　　서울시 광진구 구의동 253-36 3층 GTM
영업 | (02)453-3848 FAX 453-3836
전화 | (02)453-3818
팩스 | (02)453-3819
총판 | 기독교출판유통 (031)906-9191~4
표지디자인 | 이기흔
디자인 | GTM 디자인실
편집 | GTM 편집부
일러스트 | 이원상

www.gtm.or.kr
ISBN 89-85447-53-x
ISBN 978-89-85447-53-9